みんなが使いやすい

身近なユニバーサルデザイン

2 家電・キッチン用品

タッチレス照明スイッチ、ワンハンド調理台 ほか

監修 白坂 洋一
筑波大学附属小学校教諭

汐文社

みんなが使いやすい

身近なユニバーサルデザイン

もくじ

2 家電・キッチン用品
タッチレス照明スイッチ、ワンハンド調理台 ほか

※本書の内容は原稿執筆時点で入手した情報にもとづいて編集されたものです。

※本書に掲載されている製品・サービスなどは、予告なく販売終了・モデルチェンジなどが行われる場合があります。

ユニバーサルデザインの7原則《げんそく》とは？

ユニバーサルデザインの提唱者《ていしょうしゃ》

　お年よりや障《しょう》がいのある人はもちろん、すべての人が快適《かいてき》に使えるように配慮《はいりょ》された製品《せいひん》や建築物《けんちくぶつ》、環境《かんきょう》などのデザインを「ユニバーサルデザイン」といいます。

「ユニバーサルデザイン」という言葉を最初に使ったのは、アメリカの建築家《けんちくか》でデザイナーのロナルド・メイス（1941年～1998年）です。彼《かれ》は子どものころにかかった病気の影響《えいきょう》で、車いす生活をしていました。その経験《けいけん》から、ほかの建築家《けんちくか》やデザイナー、技術者《ぎじゅつしゃ》などとともに、ユニバーサルデザインの基礎《きそ》となる7つの原則《げんそく》をまとめました。

　ユニバーサルデザインにたずさわる人は、この原則《げんそく》をもとに、さまざまな施設《しせつ》や設備《せつび》、製品《せいひん》を生み出しているのです。

この本では、子どもたちが、身近にあるさまざまな「ユニバーサルデザイン」を探《さが》して、どういう工夫《くふう》がほどこされているかを調べます。単に「ユニバーサルデザイン」といっても、ある原則《げんそく》にもとづいて工夫《くふう》されているのです。

❶だれにでも公平に使えること

たとえば、だれでも時刻《じこく》がわかる腕時計《うでどけい》（15ページ）は、目が不自由な人だけが使用するものではありません。だれにとっても使いやすくて、役立つことが大事です。

❷使う上で自由度が高いこと

たとえば、いろいろなもち方ができるハサミ（第《だい》1巻《かん》）は、にぎっても、もち手を押《お》しても使えます。使う人の好みなどに合わせて使えることが大事です。

❸かんたんでわかりやすいこと

たとえば、シャンプーのボトルは、横にきざみが入っていて、さわっただけでコンディショナーとのちがいがわかるようになっています(第《だい》3巻《かん》)。見ただけ、さわっただけでわかることが大事です。

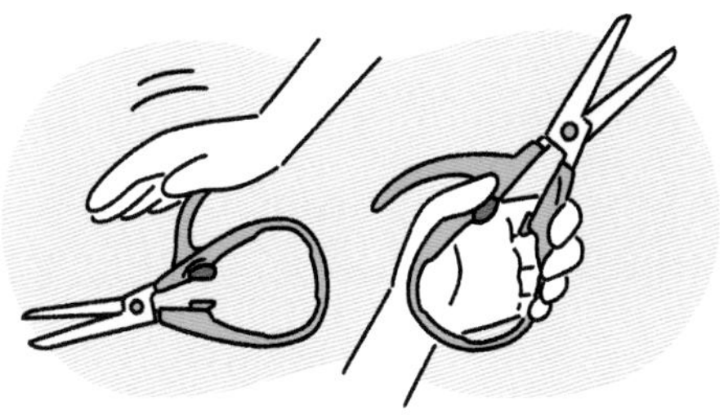

ユニバーサルデザインの7原則《げんそく》

❹ほしい情報《じょうほう》がすぐに理解《りかい》できること

たとえば、ユニバーサルデザインフード（35ページ）には、どういう人向けに工夫《くふう》された食品かが、ロゴマークの横にわかりやすく書かれています。ほしい情報《じょうほう》がすぐに理解《りかい》できることが大事です。

❺単純《たんじゅん》なミスや危険《きけん》につながらないこと

たとえば、手でさわっても安心な子ども用バリカン（23ページ）は、刃《は》がカバーにおおわれ、刃《は》に直接ふれないようになっています。うっかりミスや危《き》険《けん》が起こらないようにすることも大事です。

❻無理な姿勢《しせい》を取ることなく、少ない力で使えること

たとえば、洗濯物《せんたくもの》を出し入れしやすい洗濯機《せんたくき》（8ページ）や、さわらなくても明かりがつくタッチレス照明スイッチ（19ページ）など、自然な姿勢《しせい》で、できるだけ少ない力で使えることが大事です。

❼アクセスしやすいスペースと大きさを確保《かくほ》すること

たとえば、車いすでも楽に使えるキッチン（26ページ）など、体の大きさや姿勢《しせい》、移動手段《いどうしゅだん》などに関係なく、自由に近づいたり、手がとどいたり、使えたりできることが大事です。

みんなが使いやすい
家電製品《かでんせいひん》とは？

家の中には、たくさんの家電製品《かでんせいひん》がありますが、その中には、みんなにやさしく、みんなが使いやすいように工夫《くふう》されているものがあります。どこにあるか、探《さが》してみましょう。

家事で使いやすい!

家電製品《かでんせいひん》のいろいろ

洗濯物《せんたくもの》を出し入れしやすい洗濯機《せんたくき》

家族全員分の洗濯《せんたく》は、大変な家事のひとつです。水にぬれた服は重く、1枚《まい》1枚《まい》干《ほ》すのも重労働です。しかし、ドラム式洗濯《せんたく》乾燥機《かんそうき》なら、洗濯《せんたく》から乾燥《かんそう》まで全自動で行えます。また、洗濯槽《せんたくそう》のドラムがななめのものは、洗濯物《せんたくもの》を出し入れしやすく、体への負担《ふたん》が少ないのも特徴《とくちょう》です。

プラズマクラスター ドラム式洗濯乾燥機《せんたくかんそうき》
（シャープ）

タテ型洗濯機《がたせんたくき》よりも使う水の量が少ないので経済的《けいざいてき》!

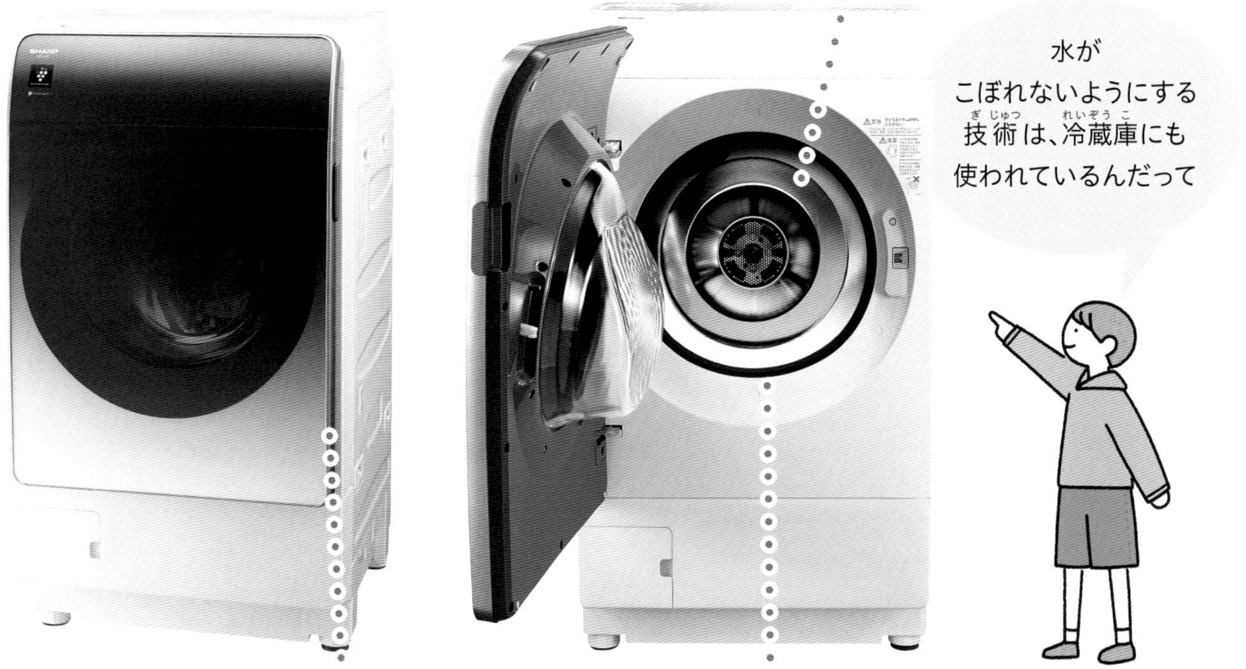
水が
こぼれないようにする
技術《ぎじゅつ》は、冷蔵庫《れいぞうこ》にも
使われているんだって

とびらと本体がピッタリくっつくので、水がこぼれない

投入口が広くて低い位置にあるので、車いすでも使いやすい!

自動で掃除《そうじ》をする場所

使うたびに
自分で自分を
洗《あら》ってくれるから、
掃除《そうじ》が楽になるね！

乾燥《かんそう》フィルター
乾燥《かんそう》ダクト
洗濯槽《せんたくそう》
ドアパッキン

家電製品《かでんせいひん》の中でも洗濯《せんたく》機《き》は、ほこりやカビなどで汚《よご》れやすいものです。この洗濯機《せんたくき》は、洗濯後《せんたくご》に自動で掃除《そうじ》をしてくれるので、いつも清潔《せいけつ》さを保《たも》てます。

開発した会社の人に聞いてみよう！

シャープ株式会社《かぶしきがいしゃ》　SAS事業本部《じぎょうほんぶ》　清潔《せいけつ》ランドリー事業部《じぎょうぶ》
国内商品企画部《こくないしょうひんきかくぶ》　**吉岡《よしおか》 直哉《なおや》** さん

Q

だれでも使えるように工夫《くふう》した点はどこですか？

人の動きをコンピューターで計測《けいそく》して、体への負担《ふたん》が一番少ない高さと角度に投入口をつくりました。同時に、投入口の直径を332mmから370mmへと大きくして、洗濯物《せんたくもの》を出し入れしやすくしています。あまり大きくしすぎると、今度は水の量がへりすぎて汚《よご》れが落ちにくくなるので苦労しました。

Q

どういうふうに使ってほしいですか？

使う水の量が少なくて経済的《けいざいてき》なだけでなく、かわいた空気で乾燥《かんそう》させるヒートポンプ方式なので、洋服のいたみや縮《ち》みが少なく省エネです。洗濯《せんたく》は毎日の家事なので、ひとりでも多くの人が「できるだけ楽に、経済的《けいざいてき》に、そして楽しくこなしてほしい」というのが私《わたし》たちの願いです。

私《わたし》も今度、
洗濯《せんたく》のお手伝いを
してみようかな

軽くて使いやすい掃除機《そうじき》

掃除機《そうじき》本体、バッテリー、パイプ、吸込口《すいこみぐち》すべてをふくめても重さ約1.2kgと軽く、カーテンレールなどの高いところでも片手《かたて》で楽に掃除《そうじ》できるスタンド型掃除機《がたそうじき》です。吸込口《すいこみぐち》のヘッド部分をブラシやハンディノズルに切りかえる際《さい》も、ヘッドが自立するので、立ったままストレスなくつけかえることができます。

軽いから
力が入りにくい人でも
安心して使えるね

ハンディノズル
ブラシ

テーブルなどに
立てかけられる
フックがつき、
掃除機《そうじき》がたおれない

RACTIVE Air《ラクティブエア》 EC-AR9
（シャープ）

吸込口《すいこみぐち》に振動《しんどう》をおさえる
防振材《ぼうしんざい》がつけられ、
運転中の音をへらす

また、運転中のモーター音や不快《ふかい》な音などをへらす設計《せっけい》で、日中に掃除《そうじ》ができないいそがしい人でも、気にすることなく夜に掃除《そうじ》ができます。

左右どちらからでも開く冷蔵庫《れいぞうこ》

引《ひ》っ越《こ》しや
リフォームをしても
置き場所に困《こま》らなくて
いいね！

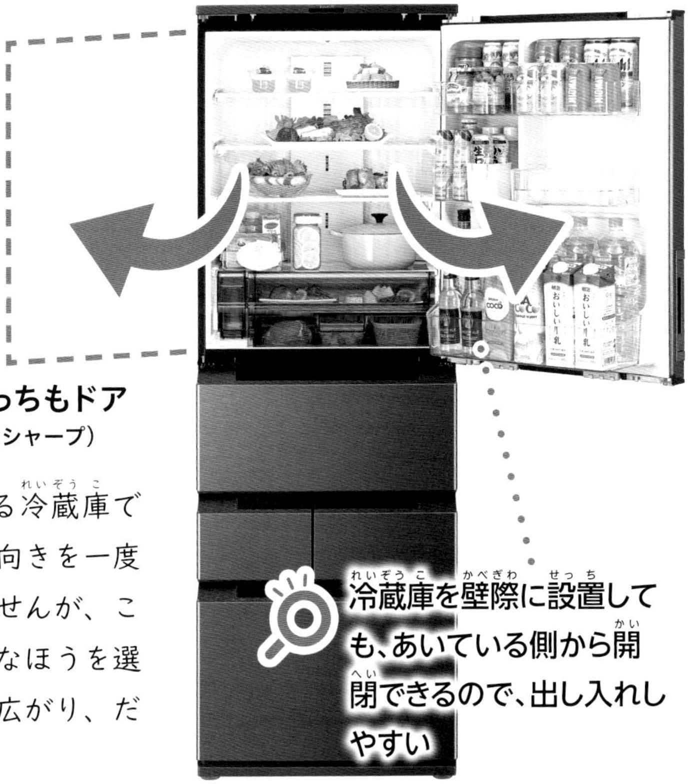
冷蔵庫《れいぞうこ》を壁際《かべぎわ》に設置《せっち》しても、あいている側から開《かい》閉《へい》できるので、出し入れしやすい

どっちもドア
（シャープ）

　左右どちらからでもドアを開けられる冷蔵庫《れいぞうこ》です。片開《かたびら》きタイプの冷蔵庫《れいぞうこ》はドアの開く向きを一度決めてしまうとかんたんには変更《へんこう》できませんが、この冷蔵庫《れいぞうこ》ならどの立ち位置からでも、楽なほうを選んで開くことができます。置ける場所も広がり、だれもが使いやすい設計《せっけい》です。

車いすでも開けやすい冷蔵庫《れいぞうこ》

もち手も
車いすに座《すわ》ったまま
手をかけやすい高さに
あるんだ

　冷蔵庫内《れいぞうこない》の最上段《さいじょうだん》までの高さは約122cmで、車いすに座《すわ》ったままでも手がとどきやすいサイズの冷蔵庫《れいぞうこ》です。低さがポイントである一方、２～３人の家族向けの容量《ようりょう》があり、コンパクトでたくさん入るのが特徴《とくちょう》です。

冷蔵《れいぞう》スペース下部までの高さは約66cmで、ドアを開けてもひざや車いすの手すりに当たりにくい

AQR-SV27N
（アクア）

みんなにやさしい!

電気製品《でんきせいひん》のいろいろ

子どもをのせても安心な電動アシスト自転車

シートベルトのボタンは
子どもにはかたくて
はずしにくいから、
後ろにのせて走っていても
安心なんだって
チャイルドシートには
標準《ひょうじゅん》でサンシェードがつき、
強い日差しから
子どもを守る

ギュット・クルームR・EX
(パナソニック)

子どもをのせて走る人のための電動アシスト自転車です。一般的《いっぱんてき》な電動アシスト自転車と比《くら》べて車輪が小さく、子どもと荷物をのせても重心が低いため、バランスをくずしにくいのが特徴《とくちょう》です。

チャイルドシートには頭を守るクッションがついていて、自転車ごとたおれても、子どもを衝撃《しょうげき》から守ります。また、電源《でんげん》ボタンを押《お》すだけでかぎを開けられる、シートベルトの装着《そうちゃく》がかんたんなど、子どもを見ながらでも操作《そうさ》しやすく、親と子どものどちらの目線も取り入れた設計《せっけい》です。

目が不自由な人の歩行を助けるシステム

くつに専用《せんよう》のデバイス（装置《そうち》）をつけ、専用《せんよう》のアプリで行きたい場所を設定《せってい》すると、目的地までの道のりを振動《しんどう》と音声で教えてくれる、目が不自由な人のための歩行ナビゲーションシステムです。

道を曲がるタイミングを足への振動《しんどう》や音声で知らせてくれるので、直感的に利用できます。道順を細かく確認《かくにん》する必要がなくなり、今までよりも歩くことに集中して、おでかけを楽しむことができます。

これならまようことなく安全に目的地まで歩けるね！

あしらせ
(Ashirase《アシラセ》)

振動《しんどう》する部分

**直進時は
足の前方部分が振動《しんどう》、
曲がる地点が近づくと
左右の進行方向側の足が
振動《しんどう》して知らせてくれる**

みんなが快適《かいてき》に
テレビを見られる集音機

お年よりや耳が聞こえにくい人でも、テレビの音が聞こえやすくなるように音を変換《へんかん》するスピーカーです。音量を上げなくても言葉を聞き取れるので、聞こえにくい人には聞こえやすく、周囲《しゅうい》にはひびきにくいのがポイントです。家族みんなが快適《かいてき》にテレビを楽しめます。

音が空間全体に広がるように設計《せっけい》され、どこにいても聞き取りやすい

ミライスピーカー
（サウンドファン）

特許技術《とっきょぎじゅつ》が使われていて、年を取ると聞き取りにくくなる高い音も聞き取りやすいんだって

だれでも聞きやすいヘッドホン

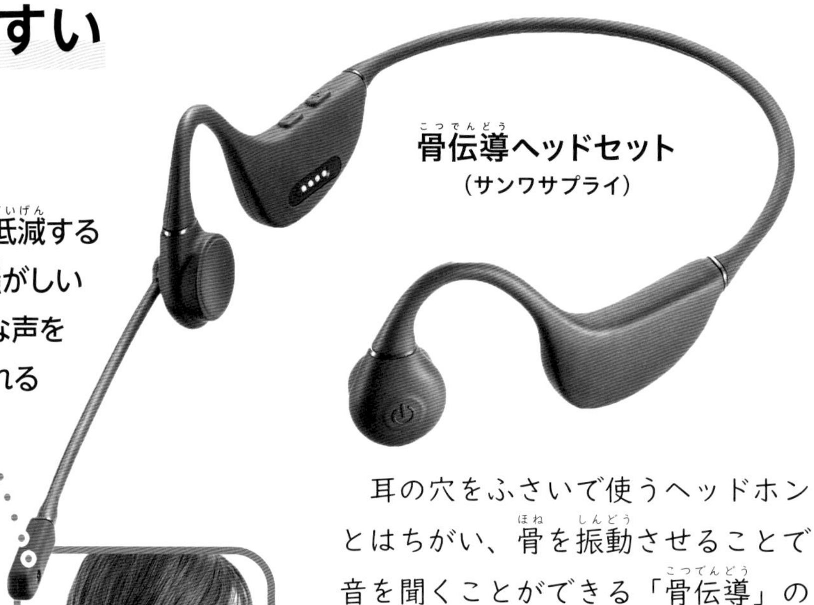

骨伝導《こつでんどう》ヘッドセット
（サンワサプライ）

周囲《しゅうい》のノイズを低減《ていげん》するマイクなので、騒《さわ》がしい場所でもクリアな声を相手にとどけられる

これならどんな人でも聞くことを楽しめるね

耳をふさがないので安全

耳の穴をふさいで使うヘッドホンとはちがい、骨《ほね》を振動《しんどう》させることで音を聞くことができる「骨伝導《こつでんどう》」のヘッドホンマイクです。耳をふさがないので、周囲《しゅうい》の音をさえぎりません。危険《きけん》が多い工事現場《こうじげんば》で働く人でも安全に通話ができます。

だれでも時刻《じこく》がわかる腕時計《うでどけい》

時刻《じこく》の目もりや針《はり》に直接《ちょくせつ》さわることで時間を読み取る腕時計《うでどけい》と、ボタンを押《お》すと音声で時刻《じこく》を知らせてくれる腕時計《うでどけい》です。腕時計《うでどけい》を見なくても、触覚《しょっかく》や聴《ちょう》覚《かく》で時刻《じこく》を知ることができます。

ふたが開き、目もりや針《はり》を直接《ちょくせつ》さわることができる

触読時計《しょくどくどけい》
（セイコーウオッチ）

ここから音声が出て、時刻《じこく》を知らせる

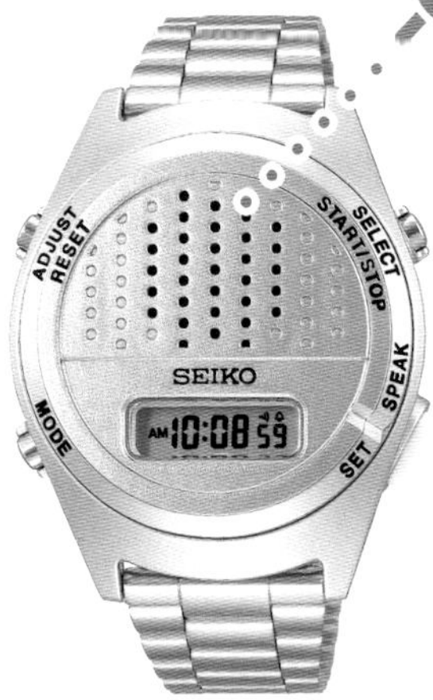

音声デジタルウオッチ
（セイコーウオッチ）

だれでも使いやすいデザインを追求したんだって

耳が不自由な人でも使える目覚まし時計

耳が不自由で、音で知らせる目覚まし時計は使えないという人でも安心な、振動《しんどう》で知らせる目覚まし時計です。振動《しんどう》は弱・中・強の３段階《だんかい》があり、弱から強までじょじょに強くすることもできます。ワイヤレスなので、旅先でも使えます。

アラームだけじゃなく、電話やショートメッセージも振動《しんどう》で知らせてくれるんだって

スマートフォンの専用《せんよう》アプリでアラーム時刻《じこく》などを設定《せってい》

新型《しんがた》 Vibio《ビビオ》
（自立《じりつ》コム）

みんなが操作《そうさ》しやすい！

家電製品《かでんせいひん》のいろいろ

声でも操作《そうさ》できるリモコン

テレビやレコーダーのリモコンには、機能《きのう》もボタンもたくさんついています。しかし、機械が苦手な人やお年よりなどには操作《そうさ》がむずかしく、手が不自由な人にはボタンが小さくて使いづらいものです。このリモコンは、声でチャンネルや音量を変えたり、番組表やインターネットを検索《けんさく》したりできるようになっています。

このマイクで
声を聞き取る

このボタンを押《お》して、
声で指示《しじ》すれば動く

音声操作対応《おんせいそうさたいおう》リモコン
（パナソニック）

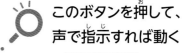

このリモコンをパナソニックのテレビといっしょに使うと、画面にマイクマークと「お話しください」などの文字が出るので、はじめてでもわかりやすくなっています。番組表、曜日と時間、チャンネルの順で声をかけ、「予約」といえば録画予約もできます。

お話しください
お話しください

インターネット上の動画も検索《けんさく》できるのはいいね！

開発した会社の人に聞いてみよう！

パナソニック株式会社《かぶしきがいしゃ》　コミュニケーションデザインセンター
広報《こうほう》　**中岡《なかおか》 幸夫《ゆきお》** さん

Q どんな機能《きのう》が声で操作《そうさ》できるのですか？

すべての機能《きのう》を声で操作《そうさ》できるわけではありませんが、チャンネルや音量の変更《へんこう》、番組表やネット動画の検索《けんさく》のほか、録画予約、録画や動画の再生《さいせい》・停止《ていし》、スキップ、早送り、早もどしなどができます。お年よりや小さなお子さん、手や指を使う作業が苦手な人などから好評《こうひょう》ですよ。

Q 苦労したところはどこですか？

いつ、だれが、どんなときに使うのか、どうすれば便利か、マイクはどのくらいの性能《せいのう》が必要か、きちんと声を聞き取ってくれるのか、それをテレビが正しく受け取って反応《はんのう》してくれるのか……企画《きかく》から開発を終えるまでの２年半は苦労の連続でした。みなさんもぜひ体験してほしいですね。

便利なものを作るって大変なんだね

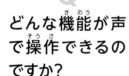

声で操作《そうさ》できるスマートスピーカー

AI（人工知能《じんこうちのう》）技術《ぎじゅつ》で、日常生活《にちじょうせいかつ》のさまざまなことをサポートするパーソナルAIアシスタント（Alexa《アレクサ》）がついたスマートスピーカーです。Alexa《アレクサ》に話しかけるだけで音楽を流す、部屋のあかりを消す、アラームをかける、インターネットの検索《けんさく》をしてくれるなど、音声だけで操作《そうさ》ができ、生活を便利にしてくれます。

Echo Dot《エコードット》
（アマゾンジャパン）

手が離《はな》せないときでも、
思いついたときに
好きなタイミングで
操作《そうさ》できていいね

Alexa《アレクサ》を搭載《とうさい》する機器《きき》は、スピーカータイプのほか、ディスプレイタイプ、ワイヤレスイヤホンタイプなどがある

室温を音声で知らせるエアコン

寝《ね》る前に気づいて
エアコンを
動かせるのは
便利かも

エオリア*
(パナソニック)

室温31℃以上で高温通知、
15℃以下で低温通知をする

＊対応機種《たいおうきしゅ》のみ。体調変化を知らせる緊急通報《きんきゅうつうほう》サービスではありません。

対応《たいおう》するパナソニックのIoT家電との連携《れんけい》で、エアコンの運転状況《うんてんじょうきょう》や室内の温度の状態《じょうたい》などを音声で知らせてくれる音声プッシュ通知機能《つうちきのう》がついたエアコンです。室温が高すぎたり低すぎたりすると音声で知らせてくれるので、ちがう部屋にいてもエアコンのつけ忘《わす》れをふせいでくれます。

さわらなくても明かりがつく タッチレス照明スイッチ

黒い部分に約8cmまで
手を近づけると操作可能《そうさかのう》

照明《しょうめい》を切っているときは
LEDランプが光って、
暗い場所でも
スイッチの場所を
教えてくれるよ！

手を近づけて
ON/OFF
照明専用2.4Aまで

タッチレススイッチ
非接触形《ひせっしょくがた》
(東芝《とうしば》ライテック)

赤外線センサーで照明《しょうめい》のスイッチを入れたり切ったりできる、手でさわらなくてもよいタッチレススイッチです。スイッチにさわらないので、料理中などぬれた手でも操作《そうさ》できます。また、たくさんの人が使う場所でも衛生面《えいせいめん》に不安なく操作《そうさ》できるので安心です。

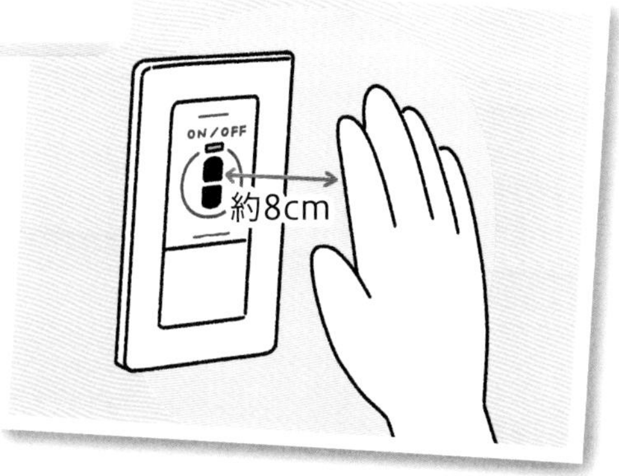
ON/OFF
約8cm

いろいろな人に配慮《はいりょ》した

家電製品《かでんせいひん》のいろいろ

光で知らせるチャイム

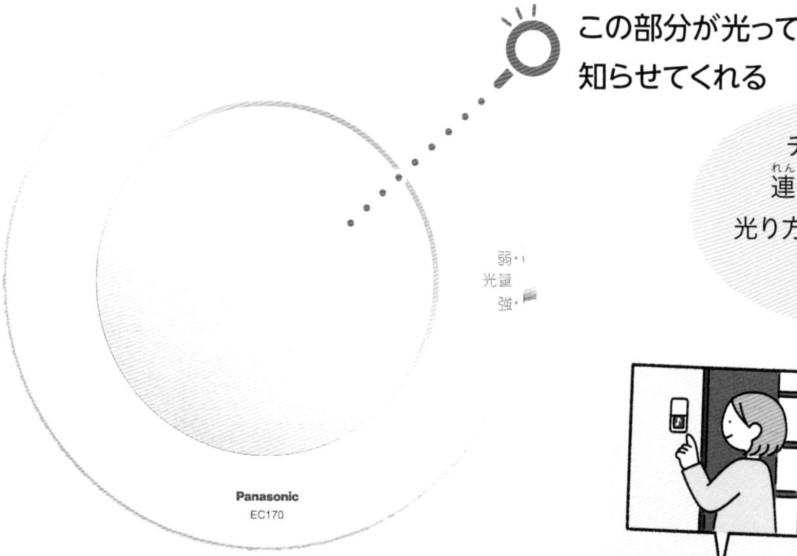
この部分が光って
知らせてくれる
Panasonic
EC170

チャイム用と
連絡用《れんらくよう》ボタンで
光り方や音の鳴り方が
ちがうよ

光るチャイム
（パナソニック）

ピンポーン
ピンポーン

来客用だけでなく、介助《かいじょ》が必要な人のための屋内連絡用《おくないれんらくよう》ボタンもある

　チャイムの音だけでは来客に気づきにくい人のための、音と光で知らせるチャイムです。チャイムのボタンを押《お》すと部屋の中に設置《せっち》したフラッシュランプが光ります。耳が不自由な人はもちろん、ヘッドホンで音楽を聴《き》いているときや、掃除機《そうじき》をかけているときなど、周囲《しゅうい》の音を聞き取りにくい場面で来客があったり、ほかの部屋やトイレなどから呼《よ》び出《だ》しがあったりしても、気づきやすくなります。

いろいろな場面で使えるセンサーチャイム

　ワイヤレスで、家の中や外など、どこにでも設置《せっち》しやすいチャイムです。来客時の呼《よ》び出《だ》しチャイムや、防犯《ぼうはん》、介護《かいご》など、目的に合わせて組み合わせができます。送信機には押《お》しボタンや非接触《ひせっしょく》センサー（さわらなくてもよい）、人感センサーなどのほか、ボタンを押《お》す力の弱い人でも使いやすいタッチセンサーがあります。知らせ方も、音や光など複数《ふくすう》あり、あらゆる人に配《はい》慮《りょ》されています。

ワイヤレスチャイム
XPシリーズ
（ナカバヤシ）

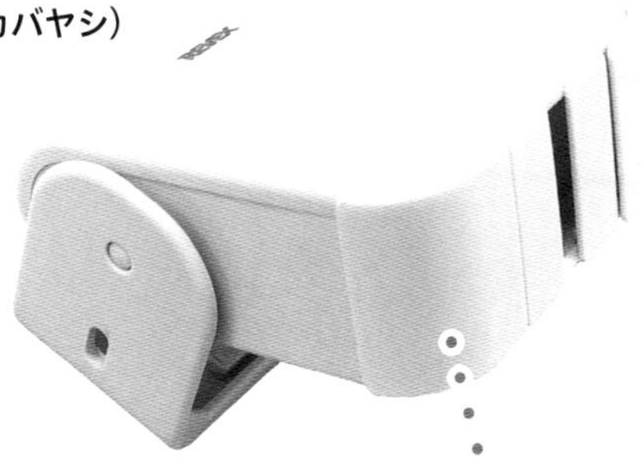
REVEX

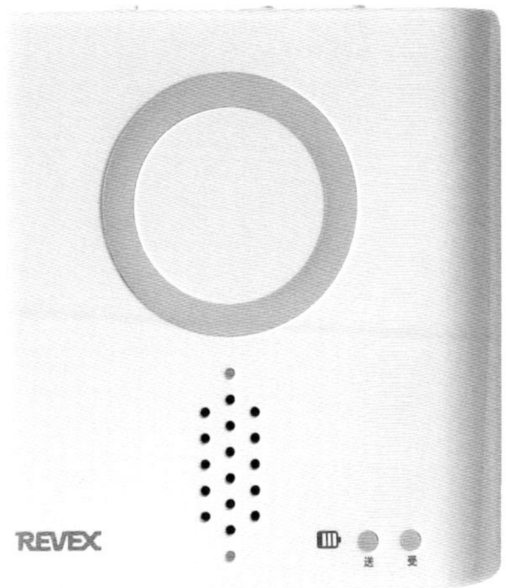
REVEX
送
受

人の動きを感知する人感センサーは、
外からの侵入《しんにゅう》をふせぐのにも役立つ

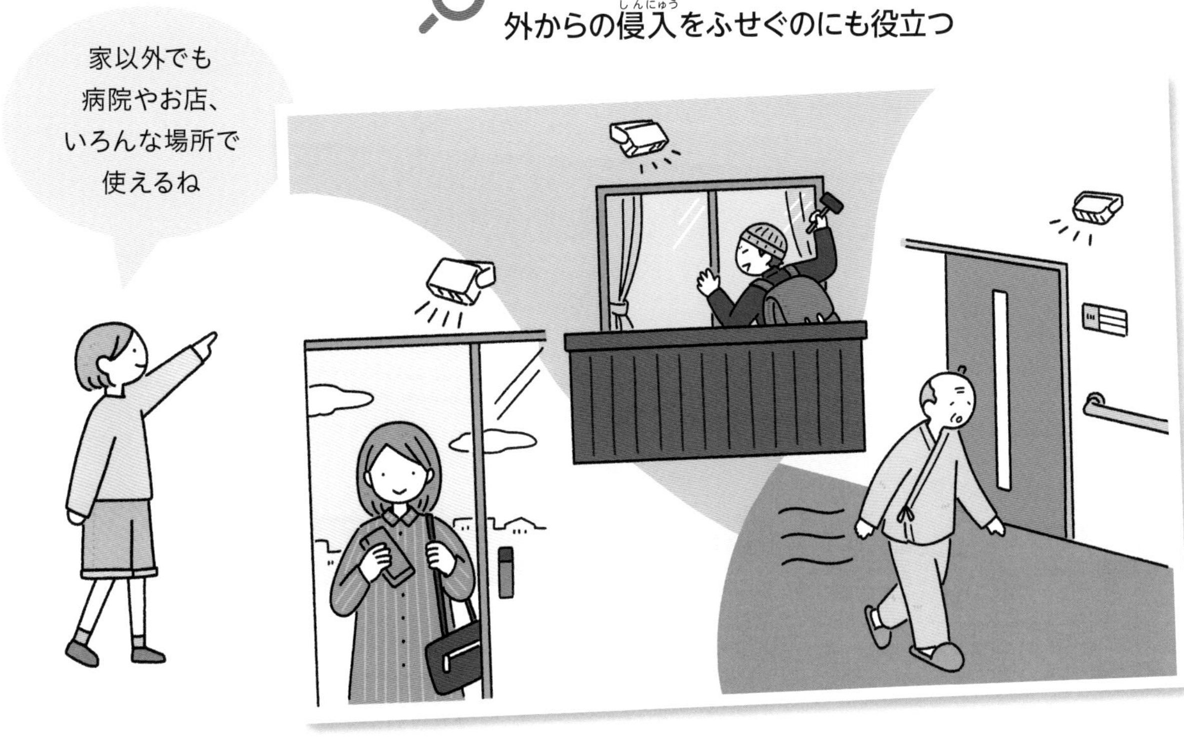
家以外でも
病院やお店、
いろんな場所で
使えるね

軽い力でプラグが抜《ぬ》けるアダプター

つまみを押《お》すと
レバーが上がって
かんたんに抜《ぬ》ける

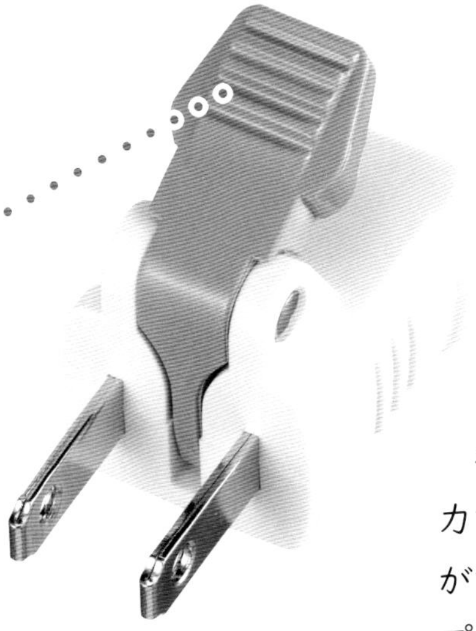

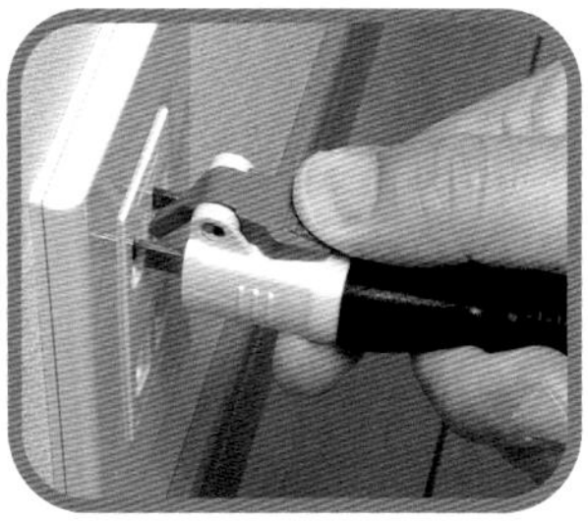

てこの原理を
使ってるんだね！

手の力が弱い人でも、つまみを軽い力で押《お》すだけで楽にプラグを抜《ぬ》くことができるアダプターです。電化製品《でんかせいひん》のプラグにつけるだけなので、日常的《にちじょうてき》に抜《ぬ》きさしすることの多いプラグに使用すると便利です。

楽に抜《ぬ》けるアダプター
（朝日電器《あさひでんき》）

さわらずはかれる体温計

体温計は、わきにはさんだり、口や耳に入れたりして、体の部位にふれて測定《そくてい》するものが多いのですが、これは体にふれることなく、わずか1秒で体温測定《たいおんそくてい》ができます。寝《ね》ている子どもや動き回る赤ちゃんの体温測定《たいおんそくてい》もかんたんです。

バックライトつきで、
暗い部屋でも
確認《かくにん》しやすい

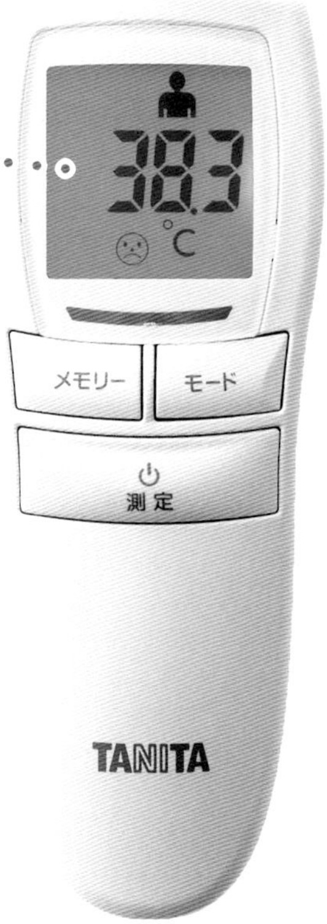
38.3
°C
メモリー
モード
測定
TANITA

赤ちゃんのミルクや
スープの表面温度
もはかれるんだって

非接触体温計《ひせっしょくたいおんけい》
（タニタ）

手でさわっても安心な子ども用バリカン

赤ちゃんの髪《かみ》は自宅《じたく》でカットするという家庭が多いことから、赤ちゃんの髪《かみ》を切ることを考えて作られた、刃《は》が肌《はだ》に直接《ちょくせつ》ふれない安全なバリカンです。髪《かみ》をカットする刃《は》はカバーにおおわれているので、動き回る赤ちゃんにも安心して使うことができます。

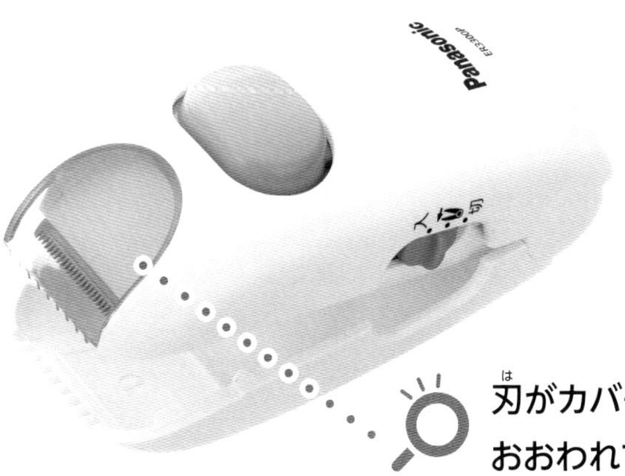

Panasonic

パックンカット
（パナソニック）

刃《は》がカバーで
おおわれているので、
カットした毛が飛び散らない

赤ちゃんに
ハサミを向けるのは
不安だけど、これなら
安全に使えるね！

チャイルドロック
設定中《せっていちゅう》はカギマークが
光るからわかりやすいよ

子どもがいても安心して使える扇風機《せんぷうき》

**プラズマクラスター扇風機《せんぷうき》
リビングファン**
（シャープ）

カギマーク

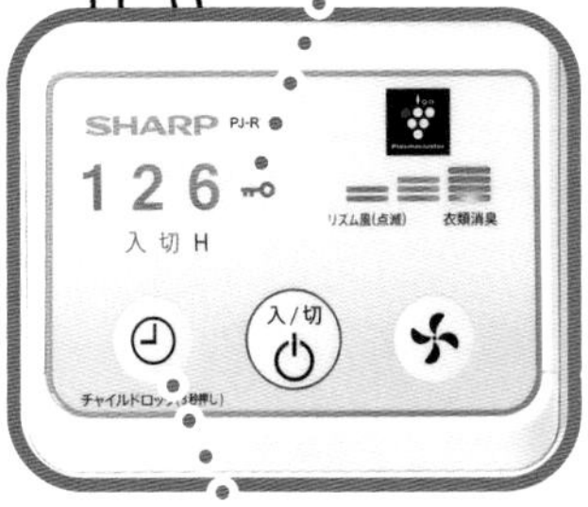

SHARP PJ-R
126
入 切 H
リズム風(点滅)
衣類消臭
入/切

ここを３秒長押《ながお》ししないと
ロックを解除《かいじょ》できない

小さな子どもが好奇心《こうきしん》でボタンを押《お》したり、ペットがさわってしまったりしたときの事故《じこ》をふせぐ「チャイルドロック機能《きのう》」がついた扇風機《せんぷうき》です。ロックを解除《かいじょ》する場合は３秒長押《ながお》しする必要があるので、誤《あやま》って押《お》してしまってもかんたんに解除《かいじょ》されることはありません。

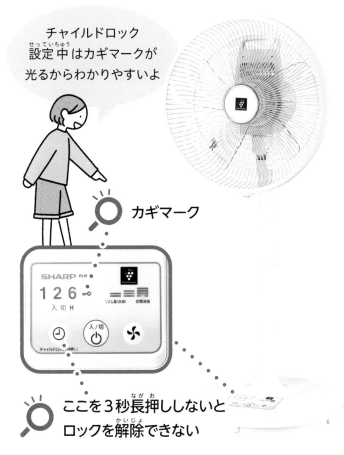

みんなが使いやすい
キッチン用品とは？

　家の中にある身近なユニバーサルデザインを探《さが》して、ダイニングキッチンにやってきました。この中にも、みんなにやさしく、みんなが使いやすいように工夫《くふう》されているものがあります。どこにあるか、探《さが》してみましょう。

みんなが使いやすい！

キッチンの工夫《くふう》いろいろ

車いすでも楽に使えるキッチン

足元があいていて、車いすに座《すわ》ったままでも料理ができるキッチンです。水道やたなに手がとどく工夫《くふう》や、シンク（流し台）の深さなど、座《すわ》って作業するのにちょうどよい設計《せっけい》になっています。たなの高さは1cmきざみで注文可能《ちゅうもんかのう》です。

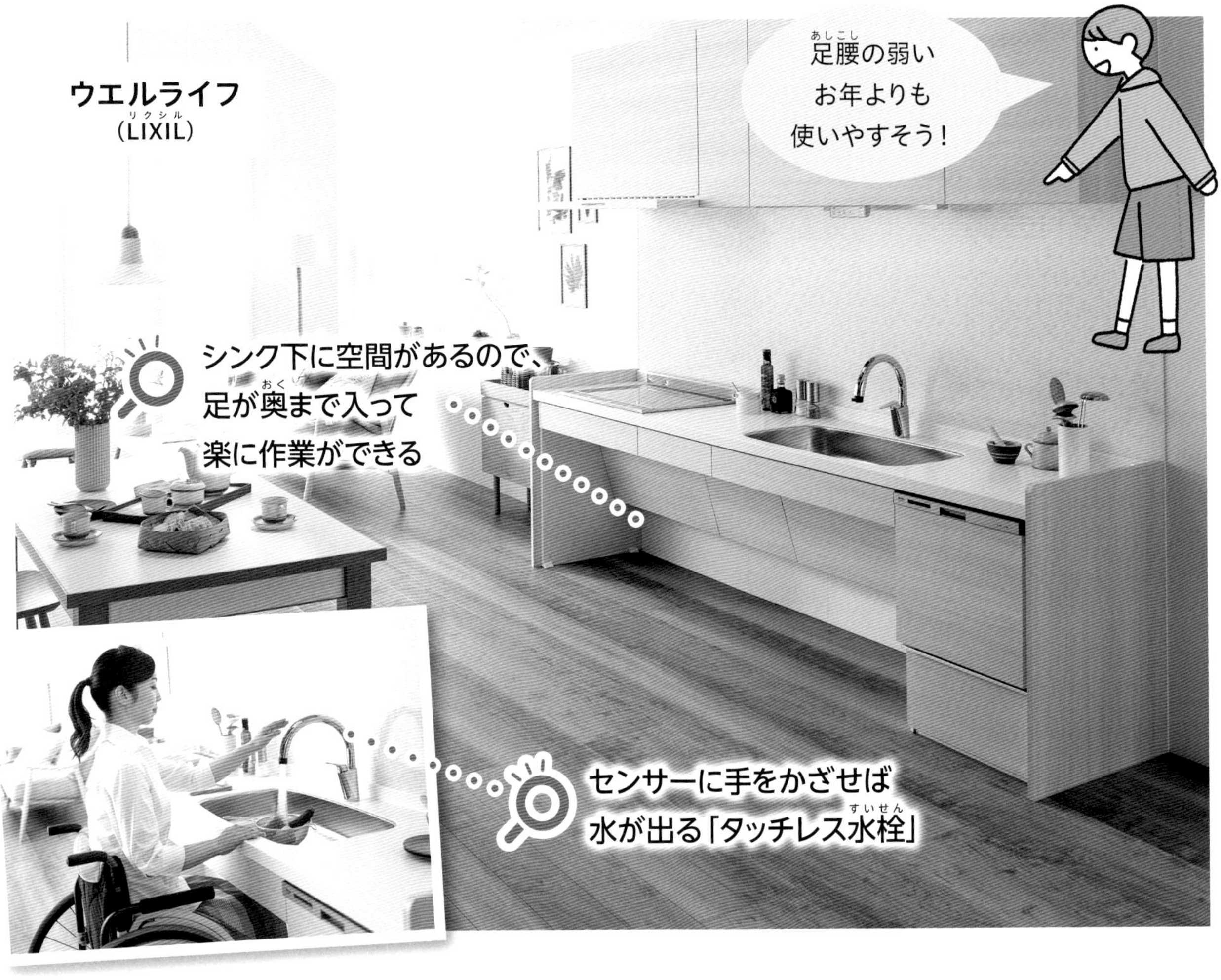

ウエルライフ
（LIXIL《リクシル》）
足腰《あしこし》の弱い
お年よりも
使いやすそう！
シンク下に空間があるので、
足が奥《おく》まで入って
楽に作業ができる
センサーに手をかざせば
水が出る「タッチレス水栓《すいせん》」

一般的《いっぱんてき》なキッチンの上のたなは、ふみ台を使わないと手がとどかないことがありますが、このキッチンではスイッチひとつで、たなが下りてきます。もどすのもスイッチひとつです。照明のスイッチもついているので、明るい場所で作業できるのも大きな特徴《とくちょう》です。

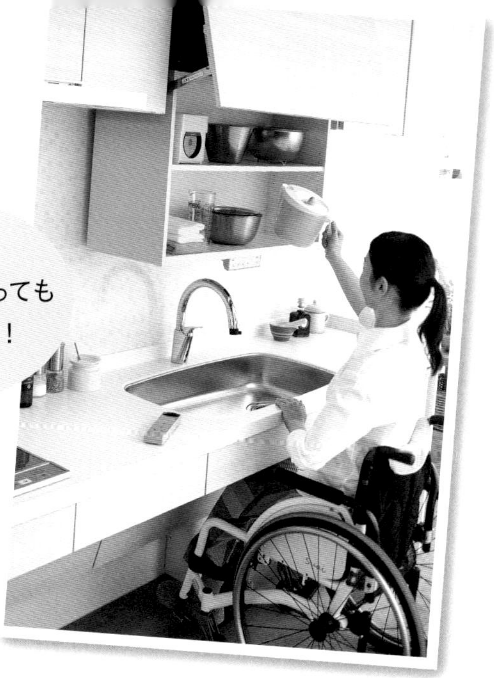

これは、
どんな人にとっても
便利だよね！

開発した会社の人に聞いてみよう！

株式会社《かぶしきがいしゃ》LIXIL《リクシル》　リビング事業部《じぎょうぶ》　リビング商品部《しょうひんぶ》
キッチン商品企画《しょうひんきかく》G　**小島《こじま》 淳二《じゅんじ》** さん

Q
一番苦労をしたところはどこですか？

　立って料理するのはむずかしいけれど、座《すわ》ればできる人がたくさんいる、と知って開発をはじめました。試作品を作っては車いすを使う人にためしてもらい、改良して、またためしてもらい……のくり返しで、苦労の連続でした。

Q
開発してうれしかったことはなんですか？

「自分で料理ができる、それを『おいしい』と言ってもらえることがうれしい！」と感想をいただいたときが一番うれしかったです。「自分でできる」ってすばらしいことなんだと、たくさんのお客様から教えてもらいました。私《わたし》たちが工夫《くふう》することでお客様の「できること」をふやして、もっと笑顔あふれる世の中にしたいです。

「ものをしまう
箱の上にシンクをのせる」
という常識《じょうしき》から
見直したんだって！

いろいろな人に配慮《はいりょ》した

キッチン用品のいろいろ

すべての人の手に合う スプーン

おいしい食事は毎日の楽しみです。手先を使う作業が苦手な人でも、ひとりで食べられて、食事を楽しんでもらいたいと開発されたのが、ウィルシリーズです。形状記憶《けいじょうきおく》ポリマー（プラスチックの一種）で作られたスプーンのもち手は、一人ひとりの手の状態《じょうたい》に合わせて自由に形を変えられるので、手にフィットして使いやすくなっています。

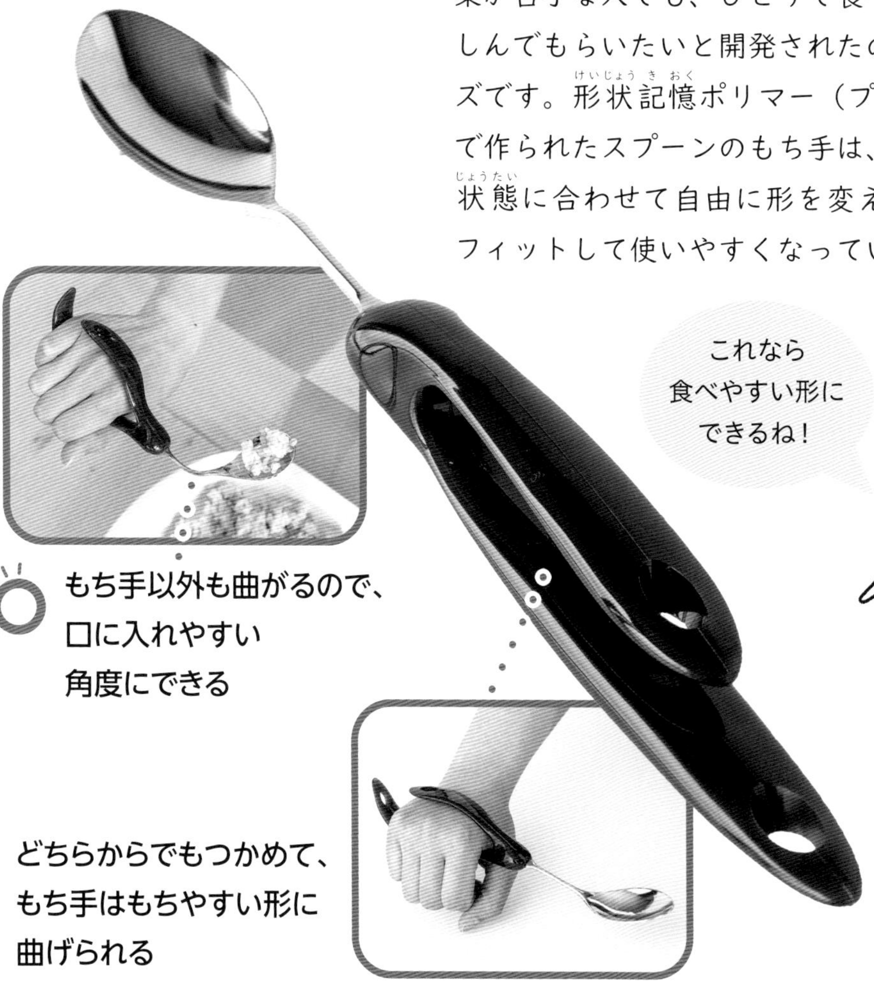

もち手以外も曲がるので、口に入れやすい角度にできる

どちらからでももつかめて、もち手はもちやすい形に曲げられる

これなら
食べやすい形に
できるね！

ウィルシリーズ
（青芳《あおよし》）

手を
ケガしているときでも
使いやすそう！

ステンレス製《せい》のバネがついた
ピンセットタイプ（業務用《ぎょうむよう》）

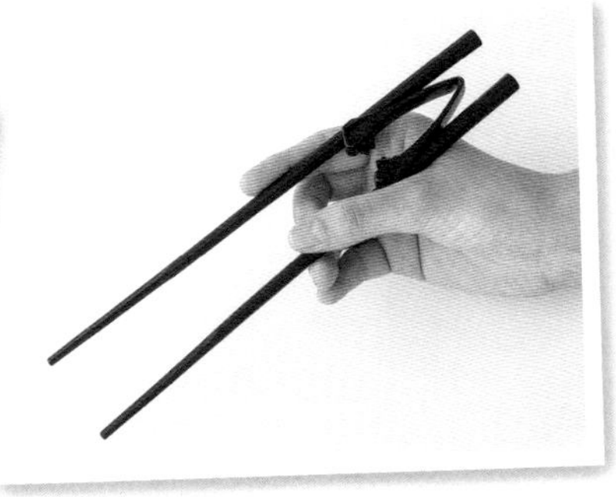

取りはずしが可能《かのう》な
クリップタイプ（家庭用）

食事をおはしで食べたいという人には、「楽々箸《らくらくばし》」があります。ピンセットタイプとクリップタイプがあり、どちらもにぎる・開く動作をサポートします。通常《つうじょう》のもち方はもちろん、にぎっても使えるので、手や指の力の弱い人でも使えます。

開発した会社の人に聞いてみよう！

株式会社青芳《かぶしきがいしゃあおよし》　営業担当《えいぎょうたんとう》　**秋元《あきもと》 哲平《てっぺい》** さん

Q

福祉用品《ふくしようひん》を作ろうと思ったきっかけはなんですか？

創業者《そうぎょうしゃ》・青柳芳郎《あおやぎよしろう》の親族に障《しょう》がいがある人がいたのがきっかけです。「なんとか自分の力で食べてもらいたい」「食事を楽しんでもらいたい」という気もちから、開発をはじめました。世の中には自分で食べたくても道具が使えない方がたくさんいますから、そういう方たちに使ってほしいですね。

すべての人の
手に合うようにって、
大変な課題
だったんだね！

Q

苦労したところはどこですか？

もち手のハンドル部分です。一人ひとり状態《じょうたい》がちがうのに、「すべての人の手に合うように作る」という課題に挑《いど》み、２年近く試行錯誤《しこうさくご》を重ねました。でも、そのおかげで「ウィルで食べられるようになった！」とうれしい感想をいただきました。これからも、私《わたし》たちは「自分で食べる」を応援《おうえん》していきます。

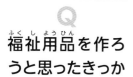

物をつかみやすくする補《ほ》助《じょ》器《き》具《ぐ》

ペンや
歯ブラシなどにも
使えるんだって

手や指がうまく曲がらない、物をつかみにくい人の動作を補助《ほじょ》する器具です。食事でスプーンやフォークを使用するときに、手のひらに巻《ま》くことで、スプーンやフォークなどを自然にあつかうことができます。

万能《ばんのう》カフ
（フセ企画《きかく》）

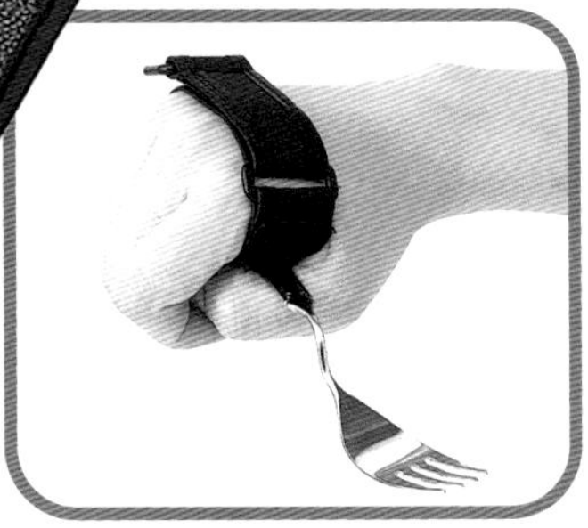

手のひらに巻《ま》いて、
フォークなどをさして使う

だれでも使いやすい包丁

手首がうまく動かせない人や、車いすに乗っている人にでもにぎりやすいもち手がついた包丁です。もち手の向きや角度は使う人に合わせて自由に調整できるので、どんな人にとっても使いやすいもち方にすることができます。

右手・左手
どちらでも
使えるよ！

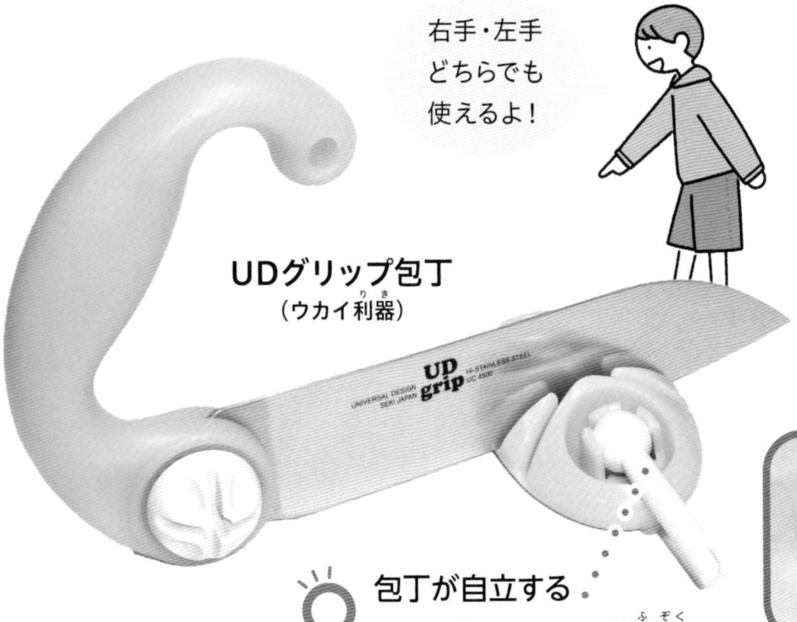

UDグリップ包丁
（ウカイ利器《りき》）

包丁が自立する
スタンドスティックが付属《ふぞく》

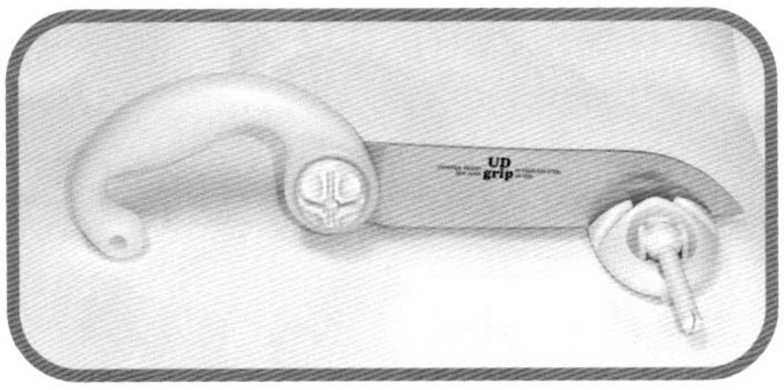

もち手は自由に動かせる

片手《かたて》で料理ができる ワンハンド調理台

片手《かたて》でも料理ができるように、食材や調理器具を固定することができるまな板です。まな板には食材をさして使えるステンレスピン、はさんで固定する固定板とバーがついていて、食材を切る、皮をむく、ボウルを固定するなど、さまざまな使い方ができます。

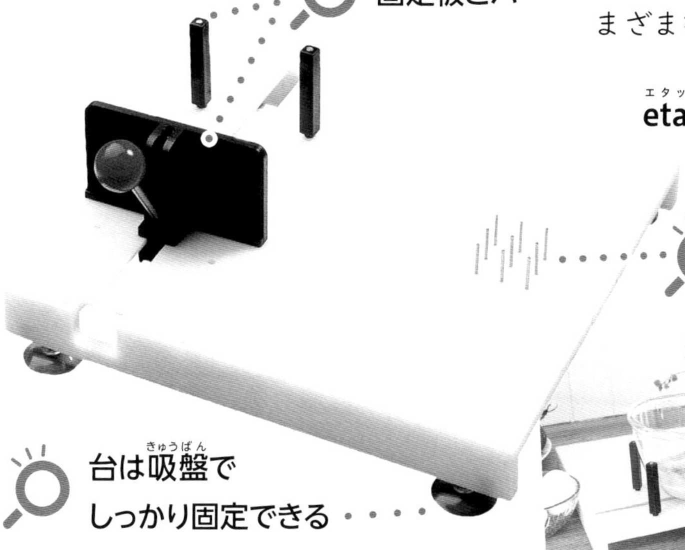
固定板とバー
ステンレスピン
台は吸盤《きゅうばん》で
しっかり固定できる

etac《エタック》 ワンハンド調理台
（相模《さがみ》ゴム工業《こうぎょう》）

ステンレスピンを
使わないときは
ピンの部分をうら返しに
できて危《あぶ》なくないよ

食器のふちの一部が
広くなっていて、手をそえやすい

UD食器
（三信化工《さんしんかこう》）

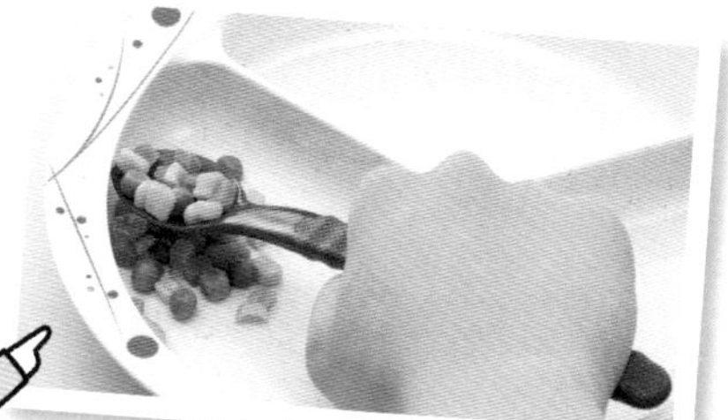

すくいやすく
なっているから、
最後のひと口まで
自分で食べられるよ

だれでも使いやすい食器

体をうまく動かすのがむずかしい人でも、食器に手をそえて食事を楽しむことができる食器です。もつ・すくう・つかむ動作のしやすさに配慮《はいりょ》された形で、こぼれにくく、すべりにくい工夫《くふう》がされています。

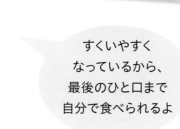

みんなが使いやすい！

キッチン用品のいろいろ

軽い力でも開けられるオープナー

らくらくオープナー
（マーナ）

ここにプルタブを引っかけて開ける

　手や指の力が弱い人にとっては開けにくい、ペットボトルのキャップや缶《かん》のプルタブ、びんのふたなどを、スムーズに開けることができるマルチオープナーです。ひねって開けるびんのふたやペットボトルのキャップは直径7cmまで対応《たいおう》しています。

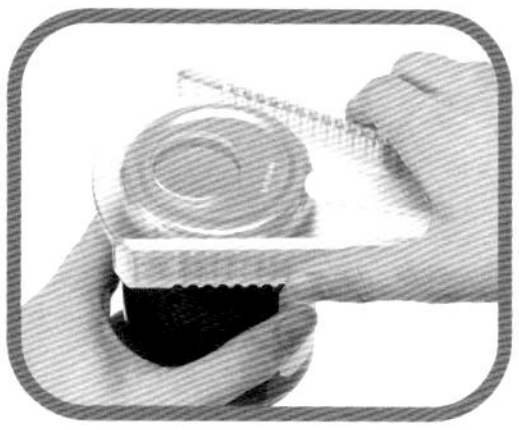

おうぎ状《じょう》に広がる形で、小さなふたから大きなふたまで開けられる

クリップが透明《とうめい》なので賞味期限《しょうみきげん》を確認《かくにん》しやすい

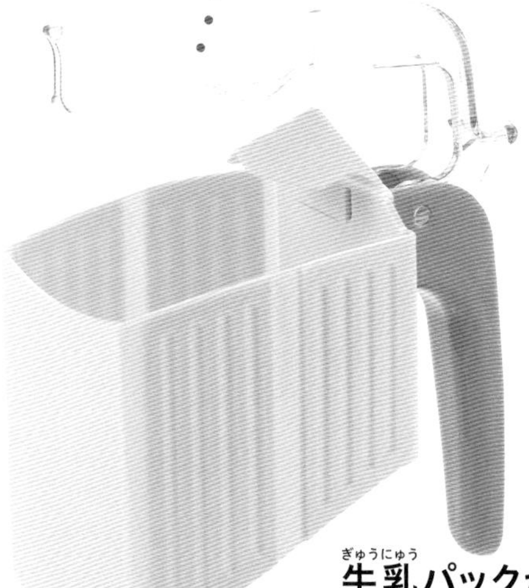

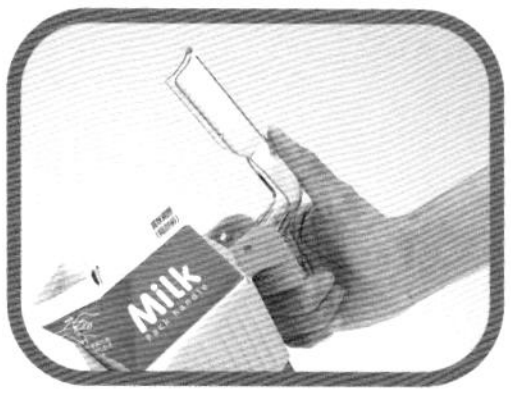
Milk

牛乳《ぎゅうにゅう》パックがもちやすいハンドル
（貝印《かいじるし》）

これなら
まだたくさん入っている
重いパックでも
注ぎやすいね

だれでも牛乳《ぎゅうにゅう》パックがもてるハンドル

　牛乳《ぎゅうにゅう》パックに取りつけて使うハンドルです。にぎりやすく、牛乳《ぎゅうにゅう》パックを片手《かたて》でもつことがむずかしい人でも、かんたんに牛乳《ぎゅうにゅう》をコップに注ぐことができます。冷蔵庫内《れいぞうこない》でのにおい移《うつ》りをふせぐクリップもついています。

食材が見やすいまな板

黒いから
汚《よご》れも目立たないよ

すべりにくい表面加工で
食材をカットしやすい

黒いまな板
（京《きょう》セラ）

まっ黒なまな板は、玉ねぎやキャベツなどの白っぽい色の食材をのせても、見やすいのが特徴《とくちょう》です。うすいポリプロピレン（プラスチックの一種）素材《そざい》で、食材を鍋《なべ》に入れる際《さい》に曲げて使うことができます。

上からでも見える計量カップ

立ったままでも
楽に使えて
いいね！

注ぎ口からカップの底までななめになっていて、上からでも目もりを確認《かくにん》することができる計量カップです。注ぎながらしゃがんだりカップをもち上げたりする必要がなく、楽な姿勢《しせい》で計量できます。

上からでも
見やすい目もり

上から量れる計量カップ
（貝印《かいじるし》）

どんなものでもやわらかくする調理器具

食べ物をかむ力や飲みこむ力が弱い人のための、食べ物をやわらかくする調理器具です。できあがった料理を、見た目はそのままで、やわらかく調理します。

メニューを分けることなく、家族みんなで同じ料理を食べておいしさを分かち合うことができます。

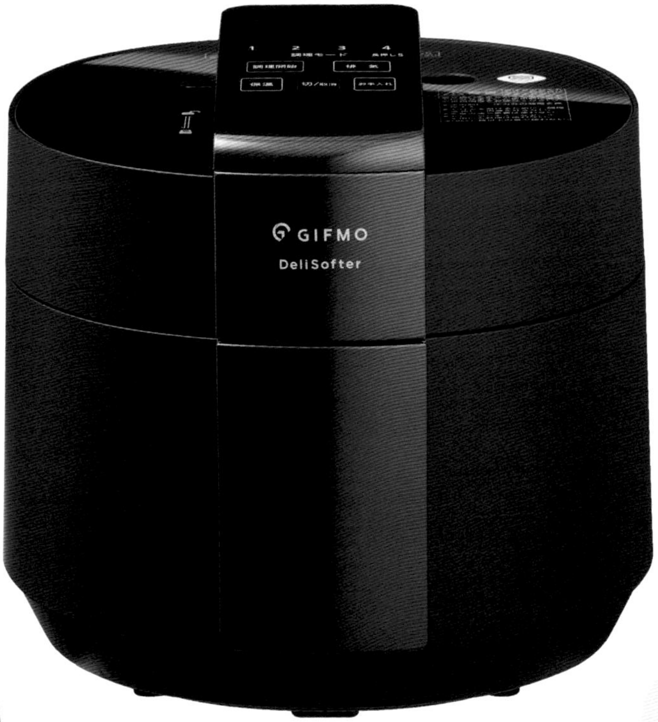
GIFMO
DeliSofter

DeliSofter《デリソフター》
（ギフモ）

食材の繊維《せんい》を分断《ぶんだん》し、
見た目はそのままにやわらかくなる

早炊《はやだ》きができる
炊飯器《すいはんき》としても
使えるんだって

ユニバーサルデザインフードってなに？

お年よりや障《しょう》がいのある人向けの介護食《かいごしょく》だけでなく、白分の歯でかむことがむずかしい人や、飲みこむ力が弱い人をはじめ、だれにとってもやさしい食品がさまざまなメーカーから販売《はんばい》されています。

「ユニバーサルデザインフード（UDF）」は、みんながおいしく食べられることに配慮《はいりょ》された食品です。日本介護《にほんかいご》食品協議会《しょくひんきょうぎかい》が制定《せいてい》した規格《きかく》に適合《てきごう》したユニバーサルデザインフードには、必ずロゴマークが記載《きさい》されています。食品は、かむ力と飲みこむ力によって4段階《だんかい》に分かれ、自分の状態《じょうたい》に合ったやわらかさを選ぶことができます。

ユニバーサルデザインフードは、スーパーやドラッグストアでも販売《はんばい》されているよ！

区分		UDF ユニバーサルデザインフード 容易にかめる	UDF ユニバーサルデザインフード 歯ぐきでつぶせる	UDF ユニバーサルデザインフード 舌でつぶせる	UDF ユニバーサルデザインフード かまなくてよい
かむ力の目安		かたいものや大きいものはやや食べづらい	かたいものや大きいものは食べづらい	細かくてやわらかければ食べられる	固形物は小さくても食べづらい
飲みこむ力の目安		普通《ふつう》に飲みこめる	ものによっては飲みこみづらいことがある	水やお茶が飲みこみづらいことがある	水やお茶が飲みこみづらい
かたさの目安	ごはん	ごはん～やわらかごはん	やわらかごはん～全がゆ	全がゆ	ペーストがゆ
	調理例（ごはん）				
	たまご	厚焼《あつや》きたまご	だし巻《ま》きたまご	スクランブルエッグ	やわらかい茶わん蒸《む》し（具なし）
	調理例（たまご）				
	肉じゃが	やわらか肉じゃが	具材小さめやわらか肉じゃが	具材小さめさらにやわらか肉じゃが	ペースト肉じゃが
※食品のメニュー例で商品名ではありません。	調理例（肉じゃが）				

ロゴマークを見つけたら手に取って見てみよう！

伝えたいことを整理して報告《ほうこく》しよう

3 報告《ほうこく》する文章の構成《こうせい》を考えよう

① 調べたテーマ・きっかけ

まず、なにについて調べたのかを述《の》べます。調べたきっかけや理由も、いっしょに伝えましょう。

② 調べ方

実物をさわってみた、図書館で調べた、開発した会社の人に聞いたなど、どのように調べたのかについて伝えましょう。

③ わかったこと

調べてわかったことを述《の》べます。原稿《げんこう》の大事な部分なので、図や表、写真を使って、わかりやすく伝えましょう。

④ まとめ

最後に、調べて思ったこと、考えたことなどを述《の》べ、文章をしめくくります。

第《だい》1巻《かん》の1と2では、身のまわりにあるものの工夫《くふう》について、調べたことをメモに整理しました。ここからは、そのメモをもとに、みんなの前で発表するための原稿《げんこう》づくりをしましょう。

原稿《げんこう》を書きはじめる前に、まずは原《げん》稿《こう》の組み立てを考えます。読む人や聞く人にわかりやすく伝えるために、左のような組み立てにするとよいでしょう。

シャンプーのボトルの
きざみについて、
調べたことをみんなの
前で発表しよう！

みなさんの身のまわりに、だれでも使いやすく、くらしやすくするための工夫《くふう》をほどこしたものはありますか？　実際《じっさい》に調べてみましょう。そして、調べたことをみんなの前で発表しましょう。

組み立てメモ

① 調べたテーマ・きっかけ

・シャンプーのボトルのきざみ
・いつごろからあって、なんのためにあるのか気になった

なるほど！
こういう流れに
なるのね

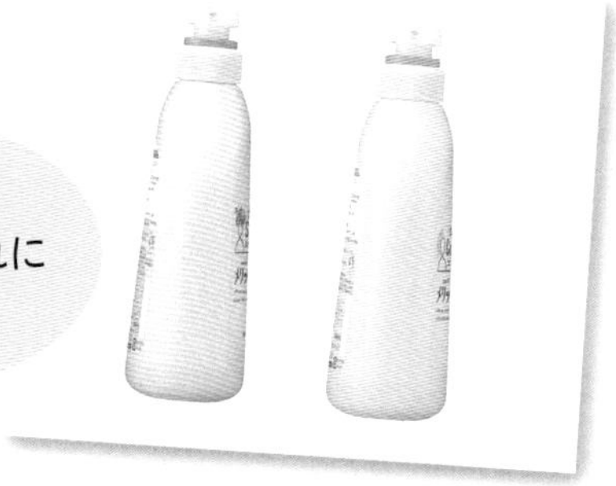

② 調べ方

・実際《じっさい》にさわってみた
・近くの図書館で調べた
・開発した会社の人に聞いた

③ わかったこと

・ボトルの形について
・使っている状況《じょうきょう》や使う人
・なんのためにあるか
・いつからあるか

④ まとめ

・多くの人に役立つ
・みんなが不自由な思いをしないようにする

情報《じょうほう》の整理をするときの注意

情報《じょうほう》を整理するときは、以下の点に注意しましょう。

- 集めた情報《じょうほう》の中で、自分がもっとも伝えたいことはなにかを考えましょう。
- 集めた情報《じょうほう》の中で、関連するものをひとつにまとめましょう。
- 伝えたいことにそって、なにをまとめるかを考えましょう。
- 図や表、写真を入れるときは、なにを入れれば伝わりやすいのかを考えましょう。

図書館で
調べたことと、
インタビューで聞いたことが
共通していたら、
ひとつにまとめるといいよ

4 実際《じっさい》に原稿《げんこう》を書く

組み立てを考えたら、次のページにあるワークシートを使って、原稿《げんこう》をまとめましょう。ワークシートを使うときは、必ずコピーして使うようにしましょう。

ワークシートの記入例

身近なユニバーサルデザインについて調べよう！

名前

※コピーして使ってください

調べたテーマ

だれでもわかりやすいシャンプーのボトルのきざみ

① きっかけ

シャンプーのボトルには、横に「きざみ」がついている。これは、いつからあって、なんのためにあるのか気になっていた。そこで、シャンプーのボトルのきざみについて、その理由と歴史《れきし》をくわしく調べることにした。

② 調べ方

同じメーカー・ブランドのシャンプーとコンディショナーをならべてみて、どうちがうかをたしかめてみた。そのあと、図書館で本を調べて、開発した会社に電話をして、聞いてみた。

③ わかったこと

(1) シャンプーとコンディショナーのボトルのちがい

2つとも形はほとんど同じで、色がちがうだけだった。私《わたし》は、髪《かみ》を洗《あら》うときは目をつぶっていることが多いので、シャンプーとコンディショナーをまちがえたことがあった。しかし、よく見るとシャンプーにはきざみがあるけれど、コンディショナーにはきざみがなかった。シャンプーには、ポンプの押《お》すところにもきざみがあった。

(2) シャンプーのボトルにきざみがある理由と歴史《れきし》

『身近なデザインのひみつ』には、シャンプーのボトルのきざみについて、次のように書いている。

□□□ボトルにきざみをつけたのは、目の不自由な人が、ボトルの横をさわることでシャ
□□□ンプーとわかるようにである。1991年ごろからきざみがつけられるようになった。

開発した会社の人に聞いてみると、「お客さんから、区別しづらいという声があって、1989年からどうすれば区別しやすいかを考えるようになった」とのことだ。

目の不自由な人だけでなく、私《わたし》のように目をつぶって髪《かみ》を洗《あら》う人にとっても、ボトルにきざみがついているとわかりやすいと思った。

④ まとめ

シャンプーのボトルについたきざみについて調べて、あらためてわかったことは、ユニバーサルデザインは、障《しょう》がいのある人だけではなく、私《わたし》もふくめてみんなに使いやすいように工夫《くふう》されているということだ。このように、どんなものでも、みんなが使いやすい工夫《くふう》をすることによって、不自由な思いをする人がへって、安心できる社会になるのだと思った。

参考

『身近なデザインのひみつ』○○○○著《ちょ》（××出版《しゅっぱん》）2020年

段落《だんらく》に分け、通し番号をふるとわかりやすい

本や資料《しりょう》の文章を引用するときは、1行空け、3～4文字分下げて書くなど、区別をする

図や写真などを使って、見やすくするとよい

人から聞いた話を引用するときは、かぎかっこでくくる

参考にしたり、引用したりした本や資料《しりょう》の名前は必ず書く

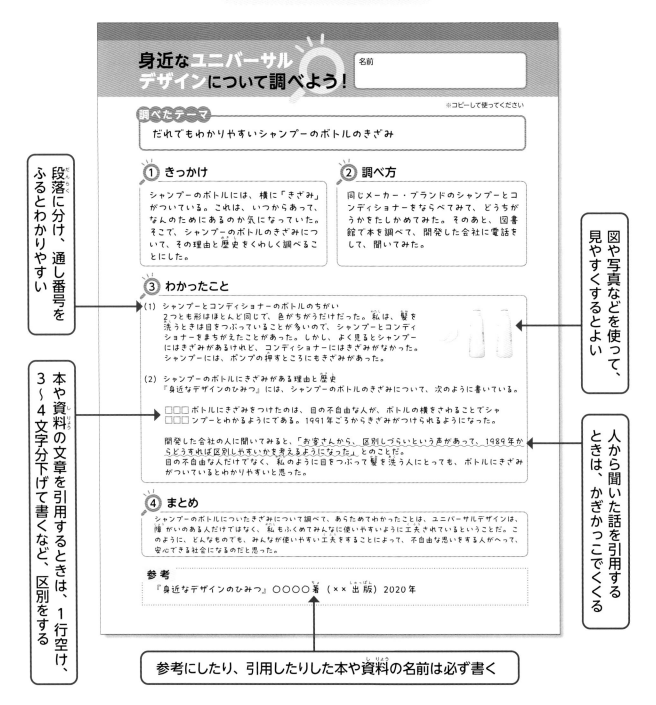

身近なユニバーサルデザインについて調べよう！

名前

※コピーして使ってください

調べたテーマ

1 きっかけ

2 調べ方

3 わかったこと

4 まとめ

参考

◆監修 **白坂 洋一**（しらさか・よういち）

1977 年鹿児島県生まれ。鹿児島県公立小学校教諭を経て、筑波大学附属小学校国語科教諭。『例解学習漢字辞典』（小学館）編集委員、『例解学習ことわざ辞典』（小学館）監修、全国国語授業研究会理事、「子どもの論理」で創る国語授業研究会会長。おもな著書に『子どもを読書好きにするために親ができること』（小学館）、『「学びがい」のある学級』（東洋館出版社）等。

◆**取材協力**　シャープ株式会社、パナソニック株式会社、株式会社LIXIL、株式会社青芳

◆**写真提供**　アクア株式会社、株式会社Ashirase、株式会社サウンドファン、サンワサプライ株式会社、セイコーウオッチ株式会社、株式会社自立コム、アマゾンジャパン合同会社、東芝ライテック株式会社、ナカバヤシ株式会社、朝日電器株式会社、株式会社タニタ、有限会社フセ企画、有限会社ウカイ利器、相模ゴム工業株式会社、三信化工株式会社、株式会社マーナ、貝印株式会社、京セラ株式会社、ギフモ株式会社、日本介護食品協議会、花王株式会社

◆**取材・執筆**　加藤 達也
◆**執筆**　東 滋実、澤野 誠人
◆**イラスト**　サキザキ ナリ
◆**ブックデザイン**　佐藤 紀久子（株式会社ワード）
◆**編集協力**　株式会社ワード

みんなが使いやすい
身近なユニバーサルデザイン
❷ 家電・キッチン用品　**タッチレス照明スイッチ、ワンハンド調理台 ほか**

2024年1月　初版第1刷発行
2024年9月　初版第2刷発行

監修者　白坂 洋一
発行者　三谷 光
発行所　株式会社汐文社
〒102-0071　東京都千代田区富士見 1-6-1
電話 03-6862-5200　ファックス 03-6862-5202
URL https://www.choubunsha.com
印　刷　新星社西川印刷株式会社
製　本　東京美術紙工協業組合

ISBN978-4-8113-3119-5
乱丁・落丁本はお取り替えいたします。
ご意見・ご感想は read@choubunsha.com までお寄せください。